ニードルフェルトの基礎レッスン

著 寺西 恵里子
Eriko Teranishi

Contents

4 はじめに

6 ニードルフェルト＊アクレーヌの世界へようこそ！

- **8** カラフルベア
- **9** ゆかいなパンダ
- **10** ナッツ＆ハムスター
- **10** おしゃれペンギン
- **11** にぎやかな鳥たち
- **12** お仕事猫さん
- **13** フワフワうさぎ
- **14** かわいいうさぎ
- **15** いろんな柄の猫たち
- **16** 小さな植物

- ⑯ ツリー＆プレゼント
- ⑯ ミニミニケーキ
- ⑰ まん丸アクセサリー
- ⑰ かわいいアクセサリー

- ⑱ 小さな刺しゅうブローチ
- ⑱ ちょっと大きな刺しゅうブローチ
- ⑲ 刺しゅう図案いろいろ

基礎 Lesson 1
⑳ はじめる前に

基礎 Lesson 2
㉔ パーツを作りましょう！

基礎 Lesson 3
㊱ つなげましょう！

基礎 Lesson 4
㊵ 柄をつけましょう！

基礎 Lesson 5
㊹ 困ったときのいろいろ

基礎 Lesson 6
㊿ 刺しゅうをしましょう！

基礎 Lesson 7
52 さあ、作ってみましょう！

はじめに

フワフワの綿を
専用の針でチクチク刺すだけ！

フワフワからしっかりした形に
固まっていきます。
丸くなったり、平たくなったり
形は自由自在。

思いがけない変化が楽しい…

小さなマスコットたちを作ったり
ペットを作ったり
作りたいものが簡単に作れます。

そして…
チクチク刺すことで
心も癒やされていきます。

ほんの少しの時間…
チクチク刺してみませんか。

できあがった作品と同じくらい
刺している時間を
大切に感じると思います。

作ったことで、気持ちも
思いがけなく変化することと思います。

それも楽しんで…

小さな作品に大きな願いを込めて……

寺西 恵里子

ニードルフェルト＊アクレーヌの世界へ
ようこそ！

フワフワかわいいアクレーヌのマスコット
色もあざやかでかわいい。
2〜3時間で作れます。

カラフルベア

リボンを結んだかわいいベア！
パーツを作ってつなげます。
好きな色で作りましょう！

作り方は
1工程ごとに
写真で解説

How to make : P.52

ゆかいなパンダ

白と黒だけでできるのが魅力。
色の境目をきれいにするのがポイント。
好きなポーズで作っても！

手のひらサイズ
かわいいねそべりポーズです

How to make：おすわりポーズ P.66、ねそべりポーズ 68

ナッツ＆ハムスター

小さなナッツをかかえた
柄違い色違いのハムスターたち。
コロンとした形がキュート！

How to make : P.70

おしゃれペンギン

目の周りがハート形で
とさかがシュッと立ったペンギン！
刺しすぎに注意して作りましょう！

How to make : P.71

にぎやかな鳥たち

うぐいす、すずめ、いんこ
いろいろな鳥が作れます。
ボディはふんわり丸く！

How to make : P.72

お仕事猫さん

会話が聞こえてきそう…
お仕事中の猫さんたち。
いろいろ増やしてもいいですね。

How to make : P.60

フワフワうさぎ

手にクローバーを持たせるだけで
かわいさがアップ！
小さい小物はすぐできます。

How to make : P.74

バスの運転手

花屋さん

魚屋さん

コックさん

かわいいうさぎ

1匹より2匹！
並べて飾るだけで世界が…
リアルな色と形がポイントです。

How to make : P.75

後ろ姿も
チャーミング！

いろんな柄の猫たち

ミケやシマやハチワレ
かわいい柄で作りましょう！
自分ちの猫も作れます。

How to make : P.62

小さな植物

植木鉢を作って、
好きな植物を植えましょう。

How to make : P.76

How to make : P.64

ツリー＆プレゼント

小さなツリーに小さなプレゼント。
飾るだけでクリスマス！

How to make : P.59

ミニミニケーキ

並べるだけで楽しい…
いろいろなケーキを作りましょう！

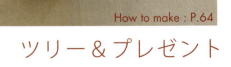

まん丸アクセサリー

まん丸だけで作る
カラフルなアクセサリー
お友達にプレゼントしても…

How to make : P.65

かわいいアクセサリー

子どもたちでも作れます。
好きな色で作ったら、
バッグやコートにつけて。

How to make : P.77

小さな刺しゅうブローチ

ほんの少しのアクレーヌでも作れます。
しっかり刺せば
アクレーヌなら洗えます。

How to make : P.78

ちょっと大きな刺しゅうブローチ

まん丸を刺しただけでも
絵になるブローチです。
いろいろ描いてみても…

How to make : P.78

刺しゅう図案いろいろ

バッグや服、靴下…
なんにでも刺しゅうできます。
チクチク刺しゅうしてみてください。

実物大の図案：P.79

基礎 Lesson 1
はじめる前に

ニードルフェルトがはじめてでも大丈夫！
1工程ごとに、詳しく基礎を解説しています。
わからなくなったら、基礎を見れば大丈夫です。
ゆっくり、楽しんで！作ってください。

材料について

アクレーヌを使用しています。

アクレーヌは高品質で特別な
アクリル繊維でできています。
刺し回数が少なくてもまとまりやすく、
色がきれいなのが特長です。

 アクレーヌは
ハマナカ株式会社が開発した
日本製の安心素材です。

まとまりがいいので
早く作れる

へたらない
毛羽立ちにくい

アクレーヌの特長

清潔な素材
洗うことができる

色がカラフル
ポップなカラー

羊毛フェルトとの違い

● 刺しすぎても戻せる！
引っぱれば、形が戻ります。

● 表面がきれいに仕上がる！
刺した穴が目立たない。

はじめてでも大丈夫！作り方のステップ

1 芯を作ります。

芯

芯を作って大きくしていくので形を作るのがカンタン!!

2 頭とボディを作ります。

頭　ボディ

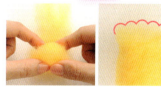
芯に巻いて刺し、大きくしていきます。ボディの頭側はフワフワを残します。

3 頭とボディをつなげます。

フワフワがつながる秘密!!
フワフワが「のりしろ」になります

4 各パーツを作ります。

全パーツをフワフワを残して作ります。

5 パーツをつけます。

フワフワでつなげます。
小さなパーツもフワフワでつけます

6 柄や目をつけます。

できあがり!!

柄は形を作ってのせて、刺しつけます。

用具について

ニードルとニードルマット、これさえあれば、作れます！

● **ニードルマット**
作るときは、必ず、マットの上で作ります。マットは凹んで使いにくくなったら替えましょう。

あると便利

● **ニードルマットカバー**
これをマットの上にのせて使えばマットが長持ちします。

その他、あると便利

● **はさみ**
模様をつけるときや、大きすぎたときに使います。

● **目打ち**
目の穴をあけたり、小さいときに大きくするのに使います。

● **手芸用ボンド**
目を抜けないように、しっかり貼るのに使います。

● **ニードル（針・極細）**
先がギザギザになっているので、アクレーヌをまとめることができます。

あると便利

● **ホルダーつき2本針**
針が2本ついているので、半分の時間で刺せます。

アクレーヌの分け方

はかりがなくても大丈夫！

材料

アクレーヌ 15g 入り

1 15gを5等分して、3gを作ります。

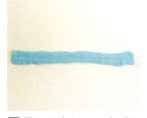

1 袋から出して、広げます。

2 先を広げます。

3 先を5等分します。

4 1本を下まで さきます。

5 1本がさけたところです。

6 5本さき、3gが5本できました。

均等に5等分でない場合

多いところからさいて、少ないところに、移動させます。

↓

見た目で5等分できていれば、大丈夫です。

2 1の3gを3等分して1gを作ります。

1 1の⑥3gを用意します。

2 3等分の位置(♥)を真ん中にし、間を開けて左右に持ちます。

3 左右にひっぱり、ちぎって分けます。

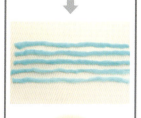

できました!!

1gが基本

小さい小物作りは、1gが基本になります。

4 1gが1本できました。

5 もう一度ちぎり、1gが3本できました。

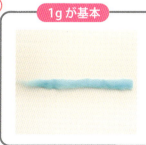

はじめる前に　アクレーヌの分け方　用具について

基礎 Lesson 2
パーツを作りましょう！

ニードルフェルトは、パーツを作って、つなげて作ります！
パーツは丸かったり、四角かったり、いろいろ。
形によって作り方が違うので、いろいろなパーツの作り方を
ここで、マスターしましょう！

このパーツが作れれば、どんなものでも大丈夫！

刺し回数について

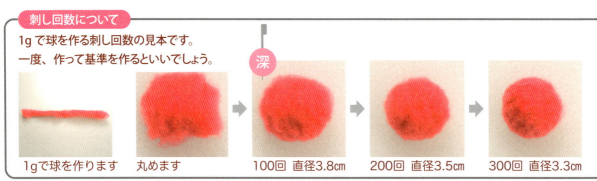

刺し回数について

1gで球を作る刺し回数の見本です。
一度、作って基準を作るといいでしょう。

1gで球を作ります　丸めます　100回 直径3.8cm　200回 直径3.5cm　300回 直径3.3cm

刺し方いろいろ

基本の刺し方
まっすぐに刺して、まっすぐ抜きましょう！

斜めに刺したら斜めに抜きます。
ニードルを曲げないように注意しましょう。

基本の刺す深さ
刺す場所によって、深さを変えましょう！

深く 中心の芯を作るときなど

（マットに当たるくらい）

浅く 表面を仕上げるときなど

（0.5〜1cmくらい）

つなぐ パーツをつなぐときなど

（1〜1.5cmくらい）

刺し方いろいろ
刺し方で形が作れます。使い分けましょう！

面を刺す 　　丸みをつける 　　角を出す

キワを刺す 　　側面を刺す 　　とめる

形を作る　刺し方いろいろ　刺し回数について

↓このくらいでも大丈夫です。　**浅**

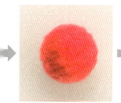 → 時々表面をなでて、落ち着かせます。 →  →  →

400回　直径3.2cm　　500回　直径3.1cm　　600回　直径2.9cm　　700回　直径2.8cm

25

丸(球)を作りましょう！　ボールや顔など

材料

1gを用意します

1 形にまとめます。

1 端から、きっちり巻きます。

2 途中も、幅が広がらないように、しっかり巻きます。

3 巻き終わったところです。

2 刺します。

1 刺します。
＊力を入れないで優しく刺します

2 全体を回しながら、均等に、丸くなるように刺していきます。
＊回転しながら刺すのがポイントです！

できました!!
3 丸(球)ができました。

このぐらいの大きさになります

実物大の型紙

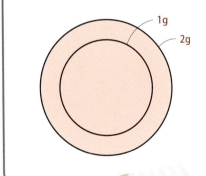
1g / 2g

大きくする方法

しっかり刺した丸や楕円を「芯」にして、上から巻いて大きくしていく方法です。

1 1gを3等分します。

2 1本を広げます。
（作りたいものの幅に広げます）

5 刺します。丸(球)の2と同じように刺します。

6 刺せたところです。

楕円(コロッケ型)を作りましょう！

ボディや楕円形の顔など

1 形にまとめます。

材 料

1gを用意します

1 端から、きっちり巻きます。

2 途中も、楕円形になるように、しっかり巻きます。

3 巻き終わったところです。

2 刺します。

深

1 面を刺します。裏の面も刺します。
＊力を入れないで優しく刺します

浅
2 側面を丸くなるように横から刺します。

できました!!
3 1、2を繰り返し、楕円(コロッケ型)ができました。

このぐらいの大きさになります

形を作る ／ 楕円(コロッケ型)・丸(球)

＊楕円も四角もどんな形も、同じ方法で大きくできます。

3 芯になる丸(球)に巻きつけます。

4 巻いたところです。

7 2枚めを巻き、同じように刺します。

大きくなった!!
8 3枚めを巻き、同じように刺し、2gができました。

実物大の型紙

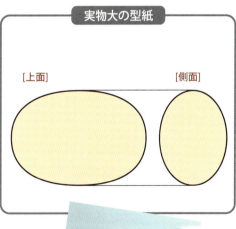
[上面]　　[側面]

円柱を作りましょう！

ボディや足など

材料

1gを用意します

1 形にまとめます。

① 広げます。

② 端から、きっちり巻きます。

③ 途中も、幅が広がらないように、しっかり巻きます。

2 刺します。

④ 巻き終わったところです。

① 側面を回転しながら、均等に、筒になるように刺していきます。
＊力を入れないで優しく刺します

② 上面と底面を均等に、刺します。
＊筒面と側面を上から刺して、形を作るのがポイント！
角を内側に向かって刺さないようにします。

できました!!
③ ①、②を繰り返し、円柱ができました。

角が丸くなってしまったときに

角が丸くなってしまった。

① 丸くなった角をつまんでひっぱり出します。

角が出た!!
② 角に向かって針を刺して、角を固めていきます。
③ 角が出ました。

実物大の型紙

[上面・底面]

[正面]

このぐらいの大きさになります

28

四角（立方体）を作りましょう！

プレゼントボックスや家など

材料

1gを用意します

1 形にまとめます。

1 広がるだけ、広げます。

2 端から、きっちり巻きます。

3 巻き終わったところです。

2 刺します。

4 向きを変えて、端から、きっちり巻きます。

5 巻き終わったら、数回刺して、とめます。
深

6 とめたところです。

1 1面を刺します。
（裏の面も刺します）
浅
＊力を入れないで優しく刺します

2 横の面を刺します。
（裏の面も刺します）
＊立方体になるように面を作っていきます。

3 残りの面を刺します。
（裏の面も刺します）

できました!!
4 1～3を繰り返し、四角（立方体）ができました。
浅

このぐらいの大きさになります

形を作る　四角・円柱（立方体）

巻いた跡が見えるとき

巻いた跡が見えます。

1 少し取り、薄く広げて、かぶせます。

2 上から浅く刺します。

跡が消えた!!
3 跡が消えました。

実物大の型紙

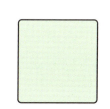

細長い形を作りましょう！

手足やにんじんなど

材料

0.5gを用意します
（1gを2等分）

1 形にまとめます。

① 広げます。

② 端から、斜めにきっちり巻きます。

③ 太さが均一になるように、巻きます。

2 刺します。

④ 巻き終わったところです。

深

① 指ではさんで、側面を回転しながら均等に刺します。
＊力を入れないで優しく刺します

浅

② 先が丸くなるように刺します。

できました!!

③ ①、②を繰り返し、細長い形ができました。

実物大の型紙

[正面]　　　　　　　　　　[側面]

このぐらいの大きさになります

手などを作る

手などは、ボディにつけたりするので、片側にフワフワ部分を残して作ります。

0.25gを用意します

① 斜めに巻き終わったところです。

② 細長い形と同様に、2の①、②を片側のフワフワを残して、繰り返し刺します。

③ 片側フワフワを残した手ができました。

円すいを作りましょう！

帽子やツリーなど

材料

1gを用意します

＊実物大の型紙は68ページ

1 形にまとめます。

① 広がるだけ、広げます。

② 左側1/3を内側に折ります。

③ ところどころ、軽く刺してとめます。

2 刺します。

④ 端からきっちり巻きます。
＊左側が厚いので、自然に円すいの形になります。

⑤ 巻き終わったところです。

深
① 側面を回転しながら、均等に、円すいになるように刺していきます。
＊力を入れないで優しく刺します

浅
② 底を均等に、刺します。

円すい細長い形

形を作る

③ ①、②を繰り返し、円すいができたら、てっぺんを刺します。

④ キワを刺します。

⑤ 円すいができました。

できました!!

このぐらいの大きさになります

四角すいもできます ＊実物大の型紙は68ページ

＊28ページ「角が丸くなってしまったときに」を参考に刺します

① 円すいと同じように、2の②まで刺します。

② 1面ずつ平らになるように刺します。

③ 角をつまんで引っぱり出します。

④ 底と縦のキワが出るように刺します。

⑤ 四角すいができました。

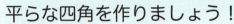

平らな四角を作りましょう！

マットやリボンなど

材料

1gを用意します

1 形にまとめます。

① 1gを3等分します。

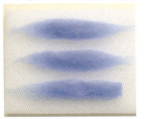
② それぞれを広がるだけ、広げ、1枚置きます。

③ 2枚めは中心を合わせ、90度回転して置きます。

④ 3枚めは1枚めと同じ方向に置きます。

⑤ ふちを折ります。

⑥ 4面折り、四角にします。

2 刺します。

① 面全体を均等に刺します。（裏側も刺します）
＊力を入れないで優しく刺します

② ふちを刺して、形を整えます。

③ 横の面を刺します。

実物大の型紙

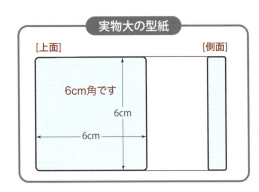

[上面] 6cm角です 6cm × 6cm　[側面]

できました!!
④ ①〜③を繰り返し、平らな四角ができました。

このぐらいの大きさになります

横を刺すときに

段ボールなどで上から押さえて刺すと、刺しやすいです。

平らな円形を作りましょう！

1 形にまとめます。

材料
1gを用意します

❶ 1gを3等分します。

❷ それぞれを広がるだけ、広げ、1枚置きます。

❸ 2枚めは中心を合わせ、斜めに置きます。

形を作る

❹ 3枚めは2枚めと対角に斜めに置きます。

❺ ふちを丸くなるように、折ります。

❻ 1周折り円形にします。

2 刺します。

深
❶ 面全体を均等に刺します。（裏側も刺します）
＊力を入れないで優しく刺します

平らな円形　平らな四角

浅
❷ ふちを刺して、形を整えます。

浅
❸ 横の面を刺します。

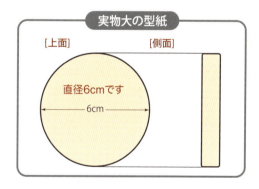
実物大の型紙
[上面] [側面]
直径6cmです
6cm

できました!!
❹ ❶〜❸を繰り返し、平らな円形ができました。

このぐらいの大きさになります

横を刺すときに
形に切った段ボールなどで、はさんで刺すと、刺しやすいです。

フワフワをつけて
小さなパーツ「耳」を作りましょう！

ねこの耳やくまの耳など

三角の耳を作ります

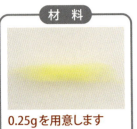

材料

0.25gを用意します
（1gを4等分）

1 形にまとめます。

1 作りたい大きさに、端からたたみます。

2 たためたところです。

3 両脇を裏側に折り、三角にします。

2 刺します。

深

1 面を刺します。
（裏側も刺します）
＊力を入れないで優しく刺します

浅

2 キワを刺して、形を整えます。

3 1〜2を繰り返し、三角の耳ができました。
＊耳の頭につける部分はフワフワのままです

実物大の型紙

フワフワ

丸い耳を作ります

材料

1gを用意します

1 形にまとめます。

1 作りたい大きさに、端からたたみます。

2 たためたところです。

2 刺します。

深

1 面を刺します。
（裏側も刺します）
＊力を入れないで優しく刺します

浅

2 角を丸くたたみながら刺していきます。

3 丸い形になったところです。
＊耳の頭につける部分はフワフワのままです

4 1〜2を繰り返し、丸い耳ができました。

実物大の型紙

フワフワ

パーツをつけるときは、
フワフワを残しておきましょう！

 ボディや耳や手など

ボディを作ります
芯から大きくするので、芯の上に巻きつけるときに、フワフワを作ります。

1 形にまとめます。

材料

芯（1gで作った楕円）と上から巻く1gを用意します

1 1gを2等分します。

2 薄く広げます。

3 芯をのせて、巻きます。

形を作る

2 刺します。

4 巻き終わったところです。

浅
1 側面を回転しながら、均等に刺します。
＊力を入れないで優しく刺します

浅
2 横の面が丸くなるように刺します。
＊片方はフワフワのままです。

浅
3 1〜2を繰り返し、刺します。

フワフワのつけ方 耳・ボディ

3 2枚めを巻いて大きくします。

1 2枚めも1枚めと同じように巻きます。

浅
2 1枚めと同じように刺します。
＊片方はフワフワのままです

3 つなげるボディができました。
＊片方はフワフワのままです。

フワフワを他のパーツに刺せば、簡単にパーツがつながります。

フワフワいろいろ

ボディ　　　丸い耳・三角の耳　　　手・足・しっぽ

35

基礎 Lesson 3
パーツをつなぎましょう！

パーツができたら、さあ、つなげましょう！
つながる秘密はフワフワ部分にあります。
つなげるほうにフワフワを残して、のりしろにします。
つなげ方をマスターしましょう！

フワフワがのりしろになります。

1 ボディと頭をつなぎます。

2 足をボディにつけます。

3 手をボディにつけます。

4 耳を頭につけます。

5 しっぽをボディにつけます。

同色をつなげるとき

 頭とボディなど

頭とボディをつなぎます。

パーツをつなぐ — **同色をつなげる**

材　料

頭とボディ（フワフワつき）

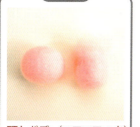
1 ボディです。（わかりやすいように濃いピンクにしています）

2 フワフワを広げます。

3 広げました。

4 位置を確認しながら頭にボディを合わせます。

5 フワフワをかぶせるように、広げます。

6 ボディのつけ根を軽くとめ、仮りどめします。

7 仮りどめができました。

8 ぐるっと1周、しっかり刺します。

9 横の面を刺します。フワフワをなじませるように、全体を刺します。
＊力を入れないで優しく刺します。

10 ついたところです。

11 同色だと、このようになります。

フワフワの作り方は35ページ

フワフワの量について

4で合わせたときに、なじませてみて、段が出ないのが理想的です。

多かったとき
フワフワを少し取ります。

少なかったとき
ボディに薄く巻いて、フワフワを増やします。

別色をつなげるとき

耳や手足など

頭と別色の耳をつなぎます。

材料

頭
耳（フワフワつき）

1 耳はフワフワつきです。

2 フワフワの量が多いときは減らします。

浅
3 軽くとめます。

4 両耳をとめて、位置を確認します。

浅
5 フワフワを耳の下に入れるように刺します。

6 ぐるっと1周、フワワを入れ込みながら、しっかり刺します。

7 反対の耳も刺して、両方の耳がつきました。

同色の耳のつけ方

頭と同じ色の耳をつなぎます。

頭
耳（フワフワつき）

1 フワフワの先を広げ、薄くします。

2 フワフワをかぶせるように、頭に耳をのせます。

浅
3 軽く刺して、とめます。

4 両耳をとめて、位置を確認します。

浅
5 フワフワを刺します。

6 反対の耳も刺して、両方の耳がつきました。

フワフワがないものをつけるとき

足や小物など

材料

頭とボディ
足

足をボディにつけます。

1 足は、しっかり刺さないで作ります。

2 足を位置に合わせます。

深

3 足を裏側からしっかり刺します。

浅

4 形も整えながら、キワも刺します。

5 刺せたところです。

6 両方の足がつきました。

パーツをつなぐ

フワフワがないものをつける
別色をつなげる
耳や手足のつけ方

手のつけ方

頭とボディ
手（フワフワつき）

手をボディにつけます。

1 手はフワフワつきです。

2 フワフワの先を広げ、薄くします。

3 フワフワをかぶせるように、ボディに手をのせます。

浅

4 軽くとめて、位置を確認します。

浅

5 フワフワを刺します。

6 手がつきました。

7 反対の手も刺して、両方の手がつきました。

基礎 Lesson 4
柄をつけましょう！

ニードルフェルトは上から違う色をのせて、
柄をつけることができます。
面だったり、線だったり、自由自在に柄がつけられます。
いろいろな柄のつけ方をマスターしましょう！

実物大の型紙：P.43

大きな面の柄をつけるとき

材料

たまご（3g）
別色0.5gを用意します

柄をつけます。

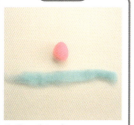
1 ひとつまみ、取ります。

2 たまごにのせます。

3 軽くとめながら、巻きます。 浅

4 1〜3を繰り返し、隙間をなくします。 浅

5 全体についたところです。

6 全体に刺します。 浅

7 フワフワを整えながら、キワを刺します。 浅

柄をつける／大きな面の柄をつける

8 6、7を繰り返し、柄がつきました。

透けてしまうとき

透けているところです。

1 透けているところの上に、ひとつまみを広げてのせます。

2 上から刺します。 浅

波形も同じ ＊実物大の型紙は43ページ

1 ひとつまみを取り、端を刺してとめます。

2 とめながら、柄をつけていきます。

3 全体についたところです。

4 上を参考に全体とキワを刺し、波形の柄がつきました。

線の柄をつけるとき

材料

たまご（3g）
別色0.25gを用意します

柄をつけます。

1 ひとつまみ、取ります。

2 軽くねじります。

3 端を刺してとめます。

4 軽くねじります。

5 ねじりながら、とめて柄をつけていきます。

6 繰り返し、1周します。

7 余分をはさみで切ります。

8 線の上を刺します。

9 線のキワを刺します。

10 線の柄が1本つきました。

11 同じようになん本かつけ、ライン柄がつきました。

リボン柄をつける

1 ひとつまみを取り、上を参考に柄をとめていきます。

2 余分を切ります。

3 切った部分を刺します。

4 反対側も同じように刺し、リボン柄がつきました。

面の柄をつけるとき

材料

たまご（3 g）
別色0.25gを用意します

柄をつけます。

① ひとつまみ、取ります。

② ハートの形になるように、まとめます。

③ たまごにのせます。

 浅
④ 軽くとめ、位置を確認します。

 浅
⑤ ハートの面を全体に刺します。

 浅
⑥ ハートのキワを刺します。

⑦ ハート柄がつきました。

柄をつける｜面の柄をつける｜線の柄をつける

小さな柄をつける

① 少量ひとつまみを取り、丸めます。

② 針先につけ、たまごにのせます。

 浅
③ 柄全体とキワを刺します。

④ 同じように他のパーツもつけ、花柄がつきました。

実物大の型紙

＊たまごの型紙は共通

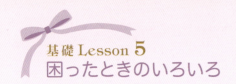

基礎 Lesson 5
困ったときのいろいろ

大きくなりすぎたり、立たなかったり、表面がきれいにできないなど、困ったことがあったら、ここを見てください。わかりやすく解説しています。

P.45 型紙と合わないとき

P.45 カーブの合わせ方

P.46 ボディが大きいとき

P.46 耳が大きいとき

P.47 小さすぎたとき

P.47 座りが悪いとき

P.48 つけ位置を間違えたとき

P.48 角が出ないとき

P.49 刺した面がきれいじゃないとき

型紙の大きさにならないとき

型紙の上で大きさを合わせる

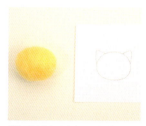
1 型紙を用意します。

2 大きさを比べます。

3 型紙の上で、同じ大きさになるまで刺します。

4 上から見て、同じ大きさになるまで刺します。

5 大きさになりました。

抜き型紙が便利！

抜き型紙に通して大きさを合わせる

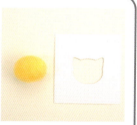
1 厚紙に型紙を貼り、形に抜きます。

2 作ったものを通します。通らないときは刺します。

3 隙間なく、形を通れれば、同じ大きさになっています。

型紙の上でカーブをつける

1 型紙を用意します。

2 型紙に沿って、曲げます。

3 型紙の上で、刺します。

4 裏側からも刺します。

5 カーブができました。

困ったときのいろいろ　型紙の大きさにならないとき

45

大きすぎたとき

ボディが大きいとき

ボディが大きい

1 大きいところ全体を刺します。

2 一回りは小さくなります。

3 それでも大きいときは、はさみで切ります。

4 薄く広げたアクレーヌで、切った面を包みます。

5 4を刺して、なじませます。

6 ボディが小さくなりました。

耳が大きいとき

耳が大きい

1 大きいほうの耳を中心に向かって刺します。

2 一回りは小さくなります。

3 それでも大きいときは、はさみで切ります。

4 切った面を刺して、なじませます。

5 耳が小さくなりました。

小さすぎたとき／座りが悪いとき

ボディが小さいとき

ボディが小さい

1 薄く広げたアクレーヌを細い部分に巻きます。

2 1を刺してつけます。
浅

3 ボディが大きくなりました。

| 大きいとき | 「まず、刺してみる」
↓
「それでもダメなときは、はさみで切る」
「切り口を整える」 | 小さいとき | 「アクレーヌを広げて巻いて、刺す」を繰り返す。 |

困ったときのいろいろ
小さすぎたとき／座りが悪いとき

座りが悪いとき

座りが悪くて倒れる

1 高いほうを刺して下げます。
深

2 立たせてみて、調整します。

3 立ちました。

47

つけ位置を間違えたとき／角が出ないとき

つけ位置の修正

耳がずれている

1 ずれている方の耳を取ります。

2 頭の面を刺して、整えます。

浅

3 耳のフワフワを整えます。

4 正しい位置につけて、フワフワを刺します。

浅

5 耳が正しい位置につきました。

角を作る方法

角がない

1 角をつまんで引っぱり出します。

2 角の外側に向かって、刺します。

3 角が出ました。

※辺が丸くなってしまったときも、つまんで引っぱり出して刺します。

48

刺した面がきれいじゃないとき

針穴が目立つとき

かぶせた跡が残っているとき

1 手で少し強めになでて、面を整えます。

2 それでもきれいにならないときは、気になるところに、薄く広げたアクレーヌをかぶせます。

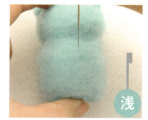
3 2を刺してなじませます。

4 針穴が目立たなくなりました。

5 同じ方法で、どちらも表面がきれいになります。

手でなでるときれいになる

縦横、方向を変えてなでるだけで、きれいになることもあります。

困ったときのいろいろ　刺した面がきれいじゃない／角が出ないつけ位置を間違えた

目のつけ方

1 目の位置に目打ちで穴を開けます。

2 目を刺して、目の位置を見ます。

3 目にボンドをつけて、刺します。

4 目がつきました。

基礎 Lesson 6
刺しゅうをしましょう！

ほんの少しのアクレーヌで刺しゅうができます。
面と線があれば、どんなデザインでも刺しゅうできます。
アクレーヌは洗えるので、
しっかり刺せば、服でも大丈夫です。

● 面の刺しゅう
● 線の刺しゅう

ブローチもできます

面の刺しゅう

材料
アクレーヌ少々
布

1 図案を写します。

① 布にチャコペーパーを裏返して置きます。

② 図案を置き、まち針でとめます。

③ 透明なシートをのせます。

④ 上からボールペンで図案をなぞります。

⑤ 図案が写せました。

2 刺しゅうします。

① アクレーヌを少し取り、布にのせます。

面の刺しゅう　　線の刺しゅう

2 軽く刺してとめます。

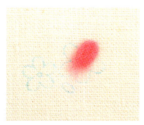
3 花びらが1枚ついたところです。

4 花びらを全部つけます。

5 全体を刺します。

6 キワを刺します。

7 別色少々を丸めてから針先につけ、のせます。

8 花芯を刺します。

9 同じように刺していきます。

刺しゅうをする

面の刺しゅう　線の刺しゅう

線の刺しゅう

材　料

アクレーヌ少々
布

1 少し取り、ねじります。

2 端をとめます。

3 ねじりながら線を刺して、図案の上にとめています。

4 線の文字が刺せました。

5 ハートも同様に刺して、できあがりです。

51

基礎 Lesson 7 さあ、作ってみましょう！

P.8 カラフルベアの黄色のベアを作りましょう。

型紙 P.58

材料

ハマナカアクレーヌ：
黄(105) 8g、
白(101)・黒(112)各少々
ハマナカソリッドアイ：
黒6mm 2個
リボン：
3mm幅 白 35cm

用具

ニードル(極細)
ニードルマット

はさみ、目打ち、ボンド

1 芯を作ります。

アクレーヌ8gを4等分し、2gを作ります。
＊等分にする方法は23ページ

1本を半分にし、1gを作ります。
＊半分にする方法は23ページ

❶頭の芯を作ります。1gを＜楕円の丸(球)＞に丸めます。

❷全体をあらゆる方向から、刺します。

❸頭の芯ができました。

❹ボディの芯を作ります。1gを＜楕円(球)＞に丸めます。

❺全体をあらゆる方向から、刺します。

❻ボディの芯ができました。

2 頭を作ります。

アクレーヌ2g2本を3等分します。
＊3等分にする方法は23ページ

1 3等分の1枚を広げます。

2 頭の芯をのせて、巻きます。

3 巻けたところです。

4 全体をあらゆる方向から、刺します。

5 1回巻いて、刺したところです。

6 もう1枚を広げて巻き、刺します。

7 3枚めも同じように巻いて刺し、頭のできあがりです。

3 ボディを作ります。

1 3等分の1枚を広げます。

2 ボディの芯をのせて、巻きます。

3 巻けたところです。

4 頭につける部分はフワフワを残して、刺します。

5 1回巻いて、刺したところです。

6 もう1枚を広げて巻き、フワフワを残して、刺します。

7 3枚めも同じように巻いて、フワフワを残して刺し、ボディのできあがりです。

作ってみましょう！ カラフルベア1

芯を作って、大きくしていく方法なので形が作りやすいです。

4 ボディをつけます。

1 頭とボディです。

2 ボディのフワフワを広げます。

3 フワフワを頭にかぶせるように合わせます。

4 ボディの根元を1周刺し、頭にボディをつけます。

5 フワフワを頭になじませるように全体を刺します。
＊頭に1cmくらい刺します。

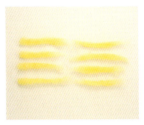
6 頭にボディがつきました。

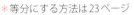
アクレーヌ2g2本を8等分します。
＊等分にする方法は23ページ

5 足を作ります。

1 8等分の1本を端から巻きます。

2 巻けたところです。

3 指ではさんで、側面を回転しながら、均等に刺します。

4 先が丸くなるように刺します。

5 ボディにつける部分はフワフワを残し、足のできあがりです。2本作ります。

6 手を作ります。

1 8等分の1本を端から巻きます。

2 巻けたところです。

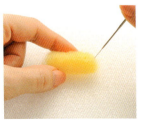
3 5の3、4と同じように刺します。

4 ボディにつける部分はフワフワを残し、手のできあがりです。2本作ります。

7 しっぽを作ります。

1 8等分の1/2本を端から丸めます。

2 丸く巻いたところです。

3 **5**の**3**、**4**と同じように刺します。

4 ボディにつける部分はフワフワを残し、しっぽのできあがりです。

8 耳を作ります。

1 8等分の1/2本を端から幅に折ります。

2 角を折り、丸い形にします。

3 表と裏を刺します。

4 側面も刺します。

5 頭につける部分はフワフワを残し、耳のできあがりです。2個作ります。

9 足をつけます。

1 足のフワフワを広げます。

2 フワフワをボディにかぶせるように合わせます。

パーツができました!!

3 フワフワをボディになじませるように刺します。
＊ボディに1cmくらい刺します。

4 片足がつきました。

作ってみましょう！ カラフルベア2

10 手をつけます。

5 反対の足も同じようにつけます。

1 手のフワフワを広げ、ボディにかぶせるように合わせます。

2 フワフワをボディになじませるように刺します。
＊ボディに1cmくらい刺します

3 片手がつきました。

11 しっぽをつけます。

4 反対の手も同じようにつけます。

1 しっぽのフワフワを広げ、ボディにかぶせるように合わせます。

2 フワフワをボディになじませるように刺します。
＊ボディに1cmくらい刺します

3 しっぽがつきました。

12 耳をつけます。

1 耳のフワフワを広げ、頭にかぶせるように合わせ、軽く刺してとめます。

2 反対の耳も軽く止め、位置を確認します。

3 フワフワを頭になじませるように刺します。
＊頭に1cmくらい刺します

4 耳がつきました。

13 口の周りをつけます。

1 白を少し取り、口の周りの形を作ります。

2 顔にのせます。

3 全体を刺します。

4 キワを1周、刺します。

14 耳の中をつけます。

5 口の周りがつきました。

1 白を少し取り、耳の中の形を作ります。

2 耳にのせます。

3 全体とキワを刺します。

4 耳の中がつきました。

5 反対の耳の中も同じようにつけます。

15 鼻と口をつけます。

1 黒を少し取り、鼻の形を作ります。

2 顔にのせ、全体とキワを刺します。

3 鼻がつきました。

4 黒を少し取り、軽くねじります。

5 線の上を刺してつけます。

6 余分をはさみで切ります。

7 切った部分を刺します。

8 反対側も刺して、口ができました。

16 目とリボンをつけます。

1 目をつけます。
＊目のつけ方は49ページ

2 リボンを結んで、できあがりです。

作ってみましょう！ カラフルベア3

P.8 カラフルベア

実物大の型紙

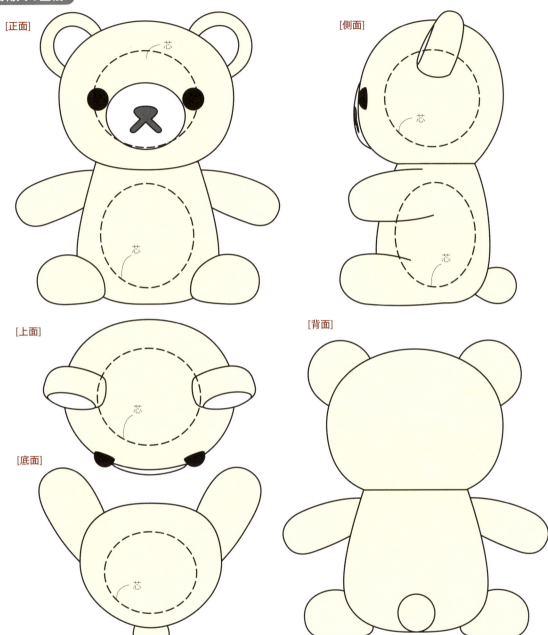

[正面] [側面] [上面] [底面] [背面]

他のベアの材料

 ピンクのベア
ハマナカアクレーヌ：
薄ピンク(102) 8g、白(101)・黒(112)各少々
ハマナカソリッドアイ： 6mm 2個
リボン： 3mm幅 ピンク 35cm

 グレーのベア
ハマナカアクレーヌ：
グレー(111) 8g、白(101)・黒(112)各少々
ハマナカソリッドアイ： 6mm 2個
リボン： 3mm幅 ブルー 35cm

 茶色のベア
ハマナカアクレーヌ：
薄茶(129) 8g、白(101)・黒(112)各少々
ハマナカソリッドアイ： 6mm 2個
リボン： 3mm幅 黄 35cm

P.16 ミニミニケーキ

できあがり寸法：[ストロベリー] 幅2.7㎝ 高さ4.1㎝ 奥行き2.7㎝
[チョコレート] 幅2.7㎝ 高さ3.7㎝ 奥行き2.7㎝
[ブルーベリー] 幅2.7㎝ 高さ3.7㎝ 奥行き2.7㎝
＊アルミカップを除いた寸法

材料

[ストロベリー]
ハマナカアクレーヌ：
薄ピンク(102) 1g、薄茶(129) 1g、
白(101)・赤(104)・
濃いきみどり(107)各少々
アルミカップ：ピンク 直径3㎝

[チョコレート]
ハマナカアクレーヌ：
ベージュ(109) 1g、薄茶(129) 1g、
白(101)・黄(106)・
こげ茶(110)各少々
アルミカップ：ゴールド 直径3㎝

[ブルーベリー]
ハマナカアクレーヌ：
クリーム(113) 1g、薄茶(129) 1g、
薄ピンク(102)・濃いきみどり(107)・
紫(115)各少々
アルミカップ：赤 直径3㎝

用具
ニードル(極細)
ニードルマット

作り方

1 カップケーキの上下を作り、つなげます。

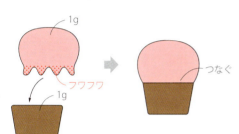

2 クリームを作り、つけます。

3 トッピングを作り、つけます。

実物大の型紙

ストロベリー
[上面]

[正面]

チョコレート
[上面]

[正面]

ブルーベリー
[上面]
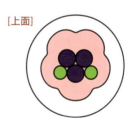
[正面]

作ってみましょう！ ミニミニケーキ カラフルベア4 型紙

基礎レッスンを見ながら作りましょう！
パーツを作る…P26〜35　パーツをつなぐ…P37.38　パーツをつける…P39　柄をつける…P41〜43

P.12 お仕事猫さん

できあがり寸法： [コックさん] 幅6.5cm 高さ7.2cm 奥行き5.5cm
[バスの運転手さん] 幅5.9cm 高さ7.2cm 奥行き6cm
[花屋さん] 幅4.8cm 高さ7.2cm 奥行き6cm
[魚屋さん] 幅5.9cm 高さ7.2cm 奥行き6cm
＊小物を除いた寸法

材料

[コックさん]
ハマナカアクレーヌ：
薄ブルー(127) 6g、白(101) 1g、
濃いグレー(131) 0.5g、
オレンジ(116)・黒(112)各少々
ハマナカソリッドアイ：
黒5mm 2個

[バスの運転手さん]
ハマナカアクレーヌ：
レモン(105) 6g、青(119) 1g、
赤(104)・黒(112)各少々
ハマナカソリッドアイ：
黒5mm 2個

[花屋さん]
ハマナカアクレーヌ：
薄ピンク(102) 6g、濃いピンク(122)・
エメラルドグリーン(126)各0.5g
白(101)・レモン(105)・
水色(108)・黒(112)各少々
ハマナカソリッドアイ：
黒5mm 2個

[魚屋さん]
ハマナカアクレーヌ：
オレンジ(116) 6g、
白(101)・青(119)各0.5g
濃いグレー(131)・
黒(112)各少々
ハマナカソリッドアイ：
黒5mm 2個

作り方

用具 ニードル(極細)　ニードルマット　はさみ　目打ち　ボンド

1 芯を作ります。

2 頭とボディを作り、つなげます。

3 各パーツを作ります。

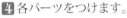

4 各パーツをつけます。

 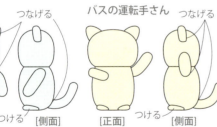  

5 柄をつけます。

6 小物を作ります。

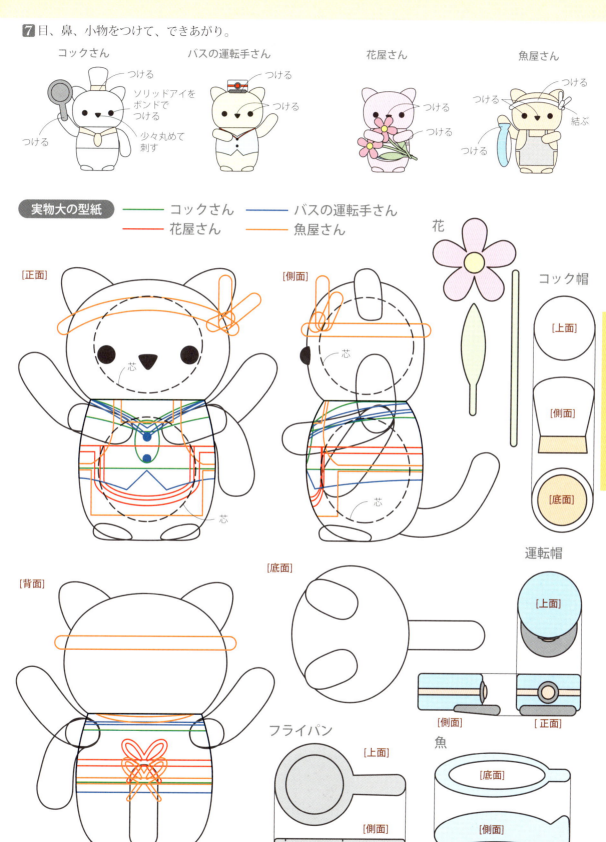

P.15 いろんな柄の猫たち

できあがり寸法：各 幅4.5㎝ 高さ8.2㎝ 奥行き6.2㎝

材料

[ミケ]
ハマナカアクレーヌ：
白(251) 7g、
薄茶(257)・黒(112) 各1g、
薄オレンジ(124)少々
ハマナカソリッドアイ：黒5㎜2個

[シマ]
ハマナカアクレーヌ：
ベージュ(256) 8g、
白(251)1g・こげ茶(253)少々、
薄オレンジ(124)少々
ハマナカソリッドアイ：黒5㎜2個

[ハチワレ]
ハマナカアクレーヌ：
黒(112) 8g、白(251) 1g
薄オレンジ(124)少々
ハマナカソリッドアイ：黒5㎜2個

用具

ニードル(極細)
ニードルマット
はさみ　目打ち
ボンド

作り方

1 芯を作ります。

2 頭とボディを作り、つなげます。

3 各パーツを作ります。

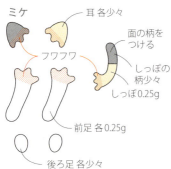
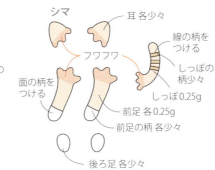
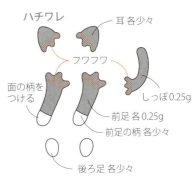

4 各パーツをつけます。

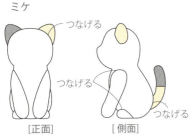
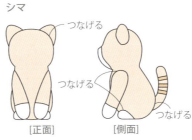
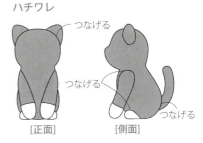

5 柄をつけます。

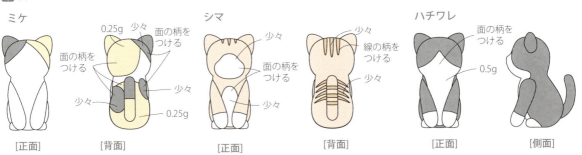

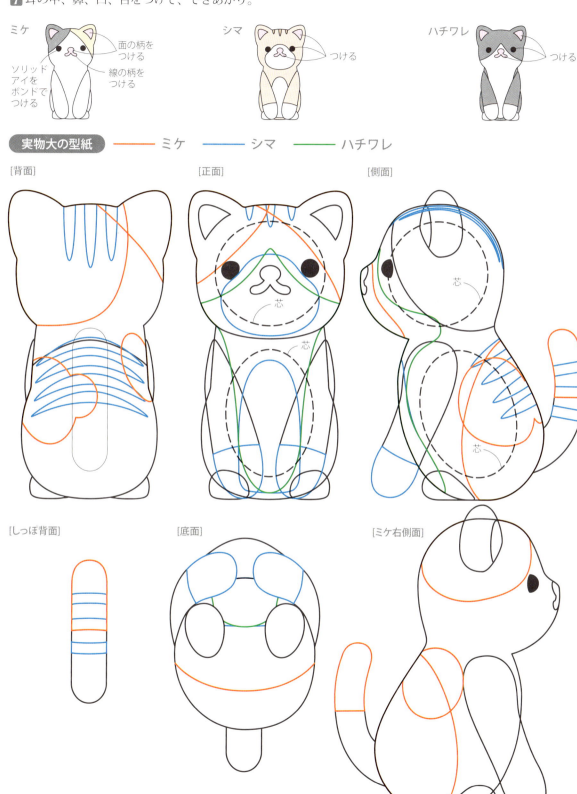

P.16 ツリー＆プレゼント

できあがり寸法：[ツリー] 幅4cm 高さ8.6cm 奥行き4cm
[プレゼント(大)] 幅3cm 高さ3.8cm 奥行き3cm
[プレゼント(小)] 幅2cm 高さ2.5cm 奥行き2.5cm

材料

[ツリー]
ハマナカアクレーヌ：
緑(121) 4g、薄茶(129) 0.5g、
白(101)・レモン(105)・青(119)・
濃いピンク(122)各少々

[プレゼント(大)]
ハマナカアクレーヌ：
濃いピンク(122) 4g、白(101) 1g、

[プレゼント(小)]
ハマナカアクレーヌ：
青(119) 2g、レモン(105) 0.5g、

用具
ニードル(極細)
ニードルマット
はさみ

作り方 [ツリー]

1. 本体を作ります。

2. 飾りを作り、つけて、できあがり。

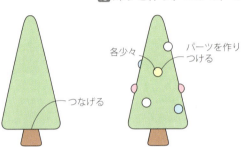

作り方 [プレゼント]

1. ボックスを作ります。

プレゼント(大)　プレゼント(小)

2. リボンをつけて、できあがり。

プレゼント(大)　プレゼント(小)

実物大の型紙

P.17 まん丸アクセサリー

できあがり寸法：[ピアス] 1個 幅2.5cm 高さ2.5cm 奥行き2.5cm 1個
[ブローチ] 各 幅4cm 高さ4.2cm 奥行き2.2cm
＊アクセサリーパーツを除いた寸法

材料

[ピアス]
ハマナカアクレーヌ：
赤(104) 2g、薄ピンク(102) 少々
イヤリングパーツ：シルバー 1組
チェーン：シルバー 6cm
9ピン：シルバー 2個
丸カン：シルバー 4個

[ゴールドピンブローチ]
ハマナカアクレーヌ：
白(101)・レモン(105)・
ピンク(103) 各1g
チェーン付きハットピン：
ゴールド 1本

[シルバーピンブローチ]
ハマナカアクレーヌ：
青(119)・濃いピンク(122)・
エメラルドグリーン(126) 各1g
チェーン付きハットピン：
シルバー 1本

用具
ニードル（極細）
ニードルマット
ボンド

作り方 [ピアス]

1 本体を作ります。 各1g

2 ハートをつけます。 各少々 面の柄をつける

3 アクセサリーパーツをつけて、できあがり。

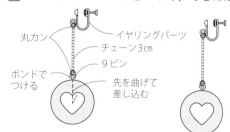
丸カン　イヤリングパーツ　チェーン3cm　9ピン　ボンドでつける　先を曲げて差し込む

作り方 [ブローチ]

1 本体を作ります。 各0.75g つける

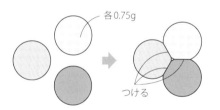

2 ハットピンをつけて、できあがり。

②かぶせる　少々 軽くまとめる　①ハットピンをのせる　つける

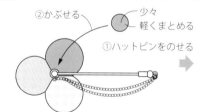
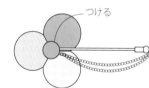

作ってみましょう！
まん丸アクセサリー ツリー＆プレゼント

実物大の型紙

イヤリング

ブローチ
[側面]　[正面]
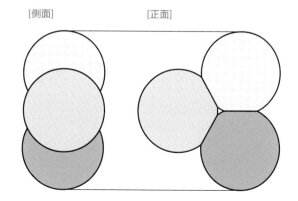

P.9 ゆかいなパンダ（おすわりポーズ）

できあがり寸法：幅6.4cm 高さ8cm 奥行き5cm

材料
ハマナカアクレーヌ：白(101) 6g、黒(112) 2g、濃いピンク(122) 1g
ハマナカソリッドアイ：黒6mm 2個
フェルト：黒少々

用具
ニードル（極細）
ニードルマット
はさみ　目打ち　ボンド

作り方

1 芯を作ります。

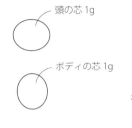

頭の芯 1g
ボディの芯 1g

2 頭とボディを作りつなげます。

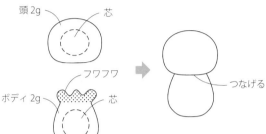

頭 2g　芯
フワフワ
ボディ 2g　芯
つなげる

3 ボディの柄をつけます。

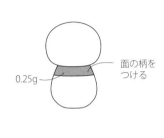

0.25g
面の柄をつける

4 各パーツを作ります。

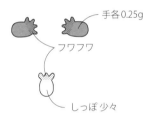

耳各少々
フワフワ
足各0.25g

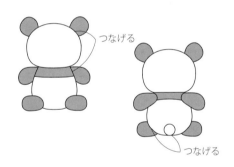

手各0.25g
フワフワ
しっぽ少々

5 各パーツをつけます。

つなげる
つなげる

6 目の周りの柄をつけます。

面の柄をつける
目の周りの柄各少々

7 目、鼻をつけて、パンダのできあがり。

②ボンドで貼る
ソリッドアイをボンドでつける
①フェルトを切る

8 ボールを作ります。

1g

実物大の型紙
ボール

実物大の型紙

[正面]

[側面]

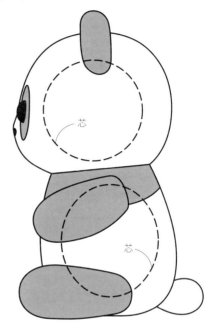

[上面]

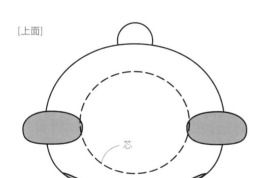

[底面]

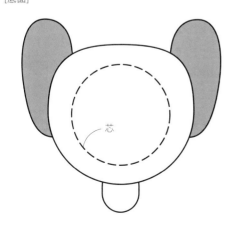

[背面]

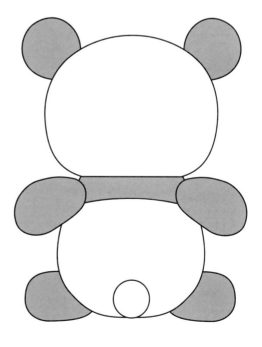

作ってみましょう！ ゆかいなパンダ（おすわりポーズ）

P.9 ゆかいなパンダ（ねそべりポーズ）

できあがり寸法：幅5.5㎝ 高さ5㎝ 奥行き9.7㎝

材料
- ハマナカアクレーヌ：白(101) 6g、黒(112) 2g
- ハマナカソリッドアイ：黒6㎜2個
- フェルト：黒少々

用具
- ニードル（極細）
- ニードルマット
- はさみ　目打ち　ボンド

作り方

1 芯を作ります。

頭の芯 1g
ボディの芯 1g

2 頭とボディを作りつなげます。

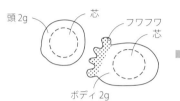

頭 2g
芯
フワフワ
芯
ボディ 2g
つなげる

3 ボディの柄をつけます。

面の柄をつける
0.25g

4 各パーツを作ります。

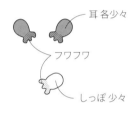

手 各0.25g
足 各0.25g
フワフワ

5 各パーツをつけます。

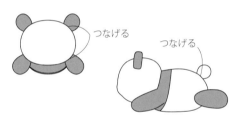

耳 各少々
フワフワ
しっぽ 少々
つなげる
つなげる

6 目の周りの柄をつけます。

面の柄をつける
目の周りの柄 各少々

7 目、鼻をつけて、できあがり。

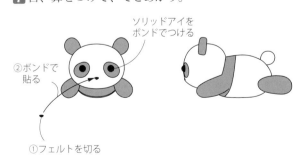

ソリッドアイをボンドでつける
②ボンドで貼る
①フェルトを切る

P.31 円すい・四角すい
実物大の図案

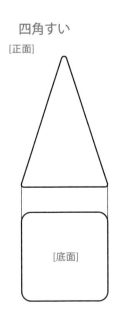

円すい [正面]
四角すい [正面]
[底面]
[底面]

実物大の型紙

[上面]

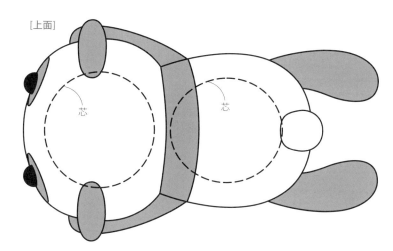

[正面]　　　　　　　[側面]

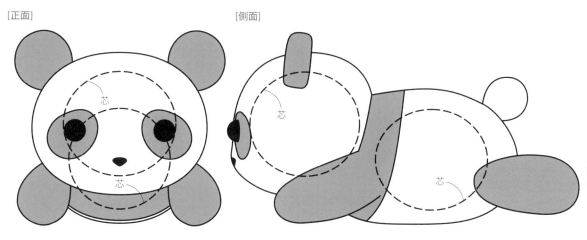

[底面]

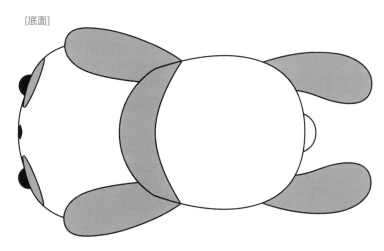

作ってみましょう！ ゆかいなパンダ（ねそべりポーズ）

P.10 ナッツ&ハムスター

できあがり寸法：各 幅4.8㎝ 高さ6.8㎝ 奥行き5.6㎝

材料

[しま模様]
ハマナカアクレーヌ：
ベージュ(114) 6g、こげ茶(110) 1g、
白(101)・茶(120) 各少々
ハマナカソリッドアイ：黒5㎜2個

[薄茶]
ハマナカアクレーヌ：
薄茶(129) 6g、ベージュ(109) 2g、こげ茶(110) 1g、
白(101)・薄ピンク(102) 各少々
ハマナカソリッドアイ：黒5㎜2個

用具
ニードル(極細)
ニードルマット
はさみ　目打ち　ボンド

作り方

1 芯を作ります。

2 ボディを作ります。

3 柄、鼻をつけます。
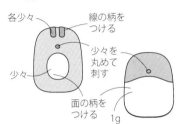

4 各パーツを作り、つけます。

5 ナッツを作ります。

6 目、ナッツをつけて、できあがり。
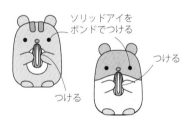

実物大の型紙

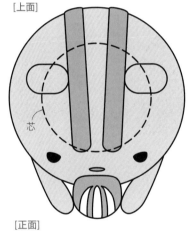
[上面]

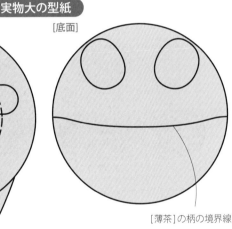
[底面]
[薄茶]の柄の境界線

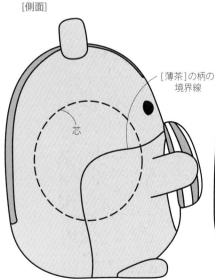
[側面]
[薄茶]の柄の境界線

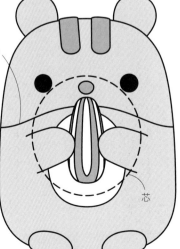
[正面]

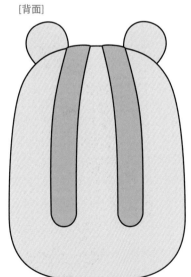
[背面]

P.10 おしゃれペンギン

できあがり寸法：各 幅6.7㎝ 高さ7.2㎝ 奥行き4.8㎝

材料

[水色]
ハマナカアクレーヌ：
水色(108) 6g、
白(101)・レモン(105) 各 0.5g
ハマナカソリッドアイ：黒4㎜2個

[青]
ハマナカアクレーヌ：
青(119) 6g、
白(101)・レモン(105) 各 0.5g
ハマナカソリッドアイ：黒4㎜2個

用具
ニードル(極細)
ニードルマット
目打ち　ボンド

作り方

1. 芯を作ります。
2. ボディを作ります。

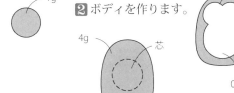

3. 柄をつけます。
4. 各パーツを作り、つけます。
5. 目をつけて、できあがり。

実物大の型紙

作ってみましょう！おしゃれペンギン　ナッツ&ハムスター

P.11 にぎやかな鳥たち

できあがり寸法：各 幅5.4㎝ 高さ6㎝ 奥行き8㎝

材料

[うぐいす]
ハマナカアクレーヌ：
生成(113)5g、きみどり(125)・
濃いきみどり(107)各1g、
黄(106)・ピンク(103)各少々
ハマナカソリッドアイ：
黒4㎜2個

[すずめ]
ハマナカアクレーヌ：
白(101)5g、
薄茶(129)・こげ茶(110)各1g
レモン(105)少々
ハマナカソリッドアイ：
黒4㎜2個

[いんこ]
ハマナカアクレーヌ：
水色(108)6g、
レモン(105)・青(119)各1g
オレンジ(116)・ピンク(103)各少々
ハマナカソリッドアイ：
黒4㎜2個

用具

ニードル(極細)
ニードルマット
目打ち　ボンド

作り方

① 芯を作ります。

② ボディを作ります。
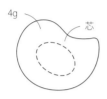

③ 柄をつけます。

うぐいす・すずめ
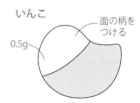
いんこ

④ 各パーツを作ります。
とさか 少々
くちばし 少々
フワフワ
尾 0.25g
フワフワ
翼 各0.25g

⑥ 各パーツをつけます。
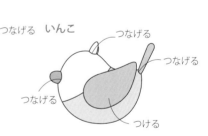
うぐいす・すずめ / いんこ
つなげる／つける

⑦ ほおの柄をつけます。
うぐいす・すずめ
少々
面の柄をつける

いんこ
少々
つける

⑧ 目をつけて、できあがり。

うぐいす・すずめ
ソリッドアイをボンドでつける

いんこ
つける

実物大の型紙

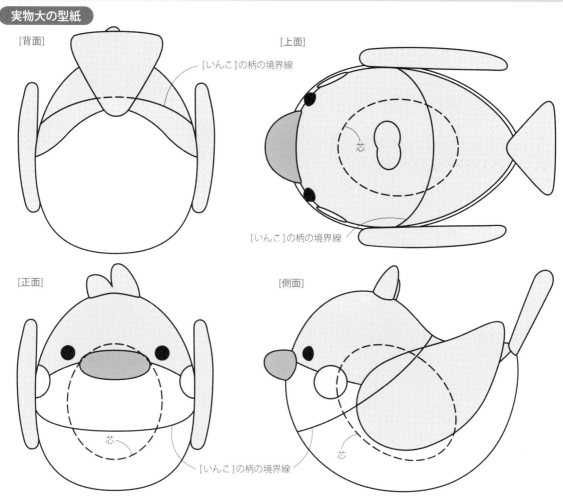

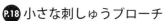

P.18 小さな刺しゅうブローチ
実物大の図案

P.18 ちょっと大きな刺しゅうブローチ
実物大の図案

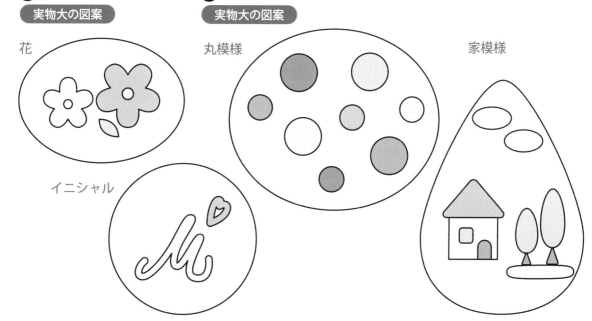

作ってみましょう！ にぎやかな鳥たち

P.13 フワフワうさぎ

できあがり寸法：各 幅4.2cm 高さ10cm 奥行き8cm

材料

[白・クローバー]
ハマナカアクレーヌ：
白(101) 6g、
エメラルドグリーン(126) 0.5g、
薄ピンク(102)・レモン(105)・
ベージュ(109)・黒(112)各少々
ハマナカソリッドアイ：黒5mm 2個

[薄いピンク・いちご]
ハマナカアクレーヌ：
薄ピンク(102) 6g、赤(104)・
白(101)・レモン(105)・
濃いピンク(122)・黒(112)・
緑(121)各少々
ハマナカソリッドアイ：黒5mm 2個

[ピンク・にんじん]
ハマナカアクレーヌ：
ピンク(103) 6g、オレンジ(116)・
白(101)・黄(106)・
濃いピンク(122)・黒(112)・
濃いきみどり(107)各少々
ハマナカソリッドアイ：黒5mm 2個

用具 ニードル(極細)　ニードルマット　目打ち　ボンド

作り方

① 芯を作ります。

頭の芯 1g
ボディの芯 1g

② 頭とボディを作り、つなげます。
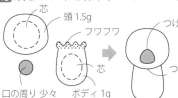
芯　頭 1.5g　フワフワ　つける
口の周り 少々　芯　つなげる
ボディ 1g

③ 各パーツを作り、つけます。
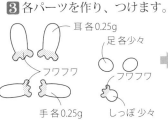
耳各0.25g　足各少々
フワフワ　フワフワ　つなげる
手各0.25g　しっぽ少々　つける

④ ほおの柄、鼻、目をつけて、うさぎのできあがり。

ソリッドアイをボンドでつける
少々を丸めて刺す
少々
面の柄をつける

⑤ 小物を作ります。

花びら 各少々　葉各少々　つける　ヘタ少々　つける　葉少々　つける
花芯 少々　茎少々　実少々　種各少々　実少々

⑥ 小物をつけて、できあがり。

白　ピンク　つける　つける　薄いピンク　つける

実物大の型紙

[正面]　[側面]
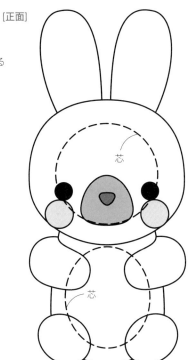
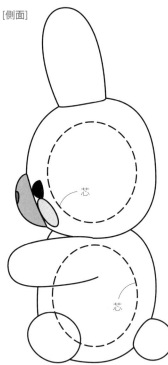
芯　芯　芯　芯

[底面]

P.14 かわいいうさぎ

できあがり寸法：各 幅4.2cm 高さ10cm 奥行き8cm

材料

[薄茶]
ハマナカアクレーヌ：
薄茶(257) 7g、
白(251) 0.5g、薄オレンジ(124)少々
ハマナカソリッドアイ：黒5mm 2個

[グレー]
ハマナカアクレーヌ：
グレー(254) 7g、
白(251) 0.5g、薄オレンジ(124)少々
ハマナカソリッドアイ：黒5mm 2個

用具

ニードル（極細）
ニードルマット
目打ち　ボンド

作り方

1. 芯を作ります。

2. 頭とボディを作り、つなげます。

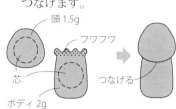

3. 各パーツを作り、つけます。

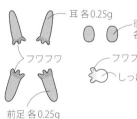

4. 柄、鼻、目をつけて、できあがり。

実物大の型紙

[底面]　[正面]　　　　　　　　　　　[側面]

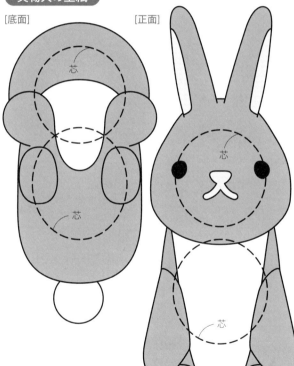

作ってみましょう！
かわいいうさぎ
フワフワうさぎ

P.13 フワフワうさぎ

実物大の型紙

花　[正面]　[側面]　　クローバー　　　にんじん　　いちご

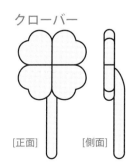

[正面]　[側面]

P.16 小さな植物

できあがり寸法：
[小] 幅2.5cm 高さ3.1cm 奥行き2.5cm
[大] 幅5cm 高さ8cm 奥行き3.5cm
[サボテン] 幅4.1cm 高さ5cm 奥行き3.5cm

材 料

[小]
ハマナカアクレーヌ：
レモン(105) 1g、
濃いきみどり(107) 0.5g、
茶(120) 少々

[大]
ハマナカアクレーヌ：
薄ブルー(127) 2g、
きみどり(125) 1g、
茶(120) 少々

[サボテン]
ハマナカアクレーヌ：
レモン(105) 2g、
緑(121) 1g、
茶(120)・白(101) 各少々

用 具
ニードル(極細)
ニードルマット
はさみ

作り方

1. 鉢を作ります。

2. 土をつけます。

3. 植物を作ります。
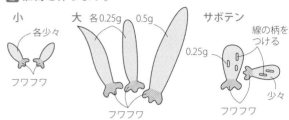

4. 植物をつけます。

実物大の型紙

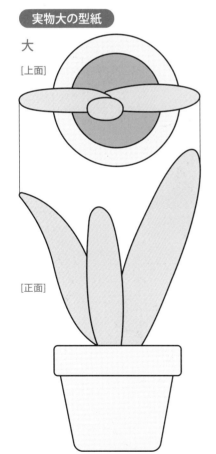

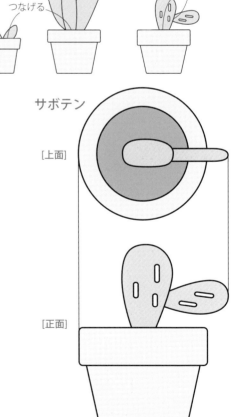

P.17 かわいいアクセサリー

できあがり寸法：[うさぎ] 幅4.2㎝ 高さ6.2㎝ 奥行き3.8㎝
[チェリー] 幅4㎝ 高さ4.1㎝ 奥行き1.9㎝
[リボン] 幅6.2㎝ 高さ4.8㎝ 奥行き1.6㎝
[ハート] 幅4.6㎝ 高さ3.8㎝ 奥行き1.6㎝

材料

[うさぎ]
ハマナカアクレーヌ：
白(101) 3g、ピンク(103)・
ベージュ(109)・黒(112)各少々
ハマナカソリッドアイ：黒 5㎜ 2個
ブローチピン：2.5㎝ シルバー 1本

[チェリー]
ハマナカアクレーヌ：
濃いピンク(122)1g・
緑(121)0.5g
ブローチピン：
2.5㎝ シルバー 1本

[リボン]
ハマナカアクレーヌ：
水色(108) 3g
ブローチピン：
2.5㎝ シルバー 1本

[ハート]
ハマナカアクレーヌ：
薄ピンク(102) 2g
濃いピンク(122)少々
ブローチピン：
2.5㎝ シルバー 1本

用具　ニードル(極細)　ニードルマット
目打ち　ボンド

作り方

1 本体パーツを作ります。 ＊うさぎはフワフワうさぎの頭(74ページ)と同じ

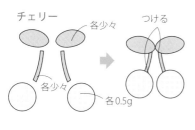
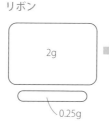
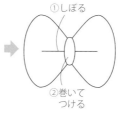

2 ブローチピンをつけて、できあがり。

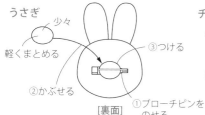
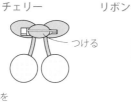
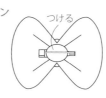
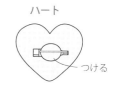

実物大の型紙

＊うさぎはフワフワうさぎの頭(74ページ)と同じ

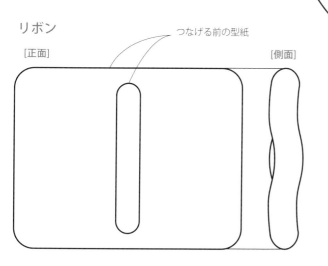
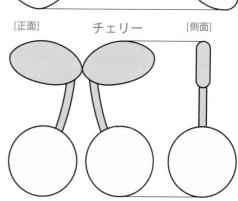

作ってみましょう！ かわいいアクセサリー 小さな植物

P.18 小さな刺しゅうブローチ

できあがり寸法：[花]幅4.6cm 高さ3.4cm 奥行き1cm
[イニシャル]幅4.1cm 高さ4.1cm 奥行き0.7cm

材 料

[花]
ハマナカアクレーヌ：
白(101)・レモン(105)・濃いきみどり(107)・
濃いピンク(122)各少々
布：リネン地10cm x 10cm
くるみボタンブローチキット：
オーバル形 4.5cm x 3.3cm 1セット

[イニシャル]
ハマナカアクレーヌ：
青(119)・濃いピンク(122)各少々
布：木綿地(ブルー)10cm x 10cm
くるみボタンブローチキット：
サークル形 直径4cm 1セット

用 具

ニードル(極細)
ニードルマット
くるみボタンブローチキット
チャコペーパー
はさみ

作り方　*実物大の図案は73ページ

1 刺しゅうをします。

花

イニシャル

2 ボタンをくるみ、ブローチにします。

花

イニシャル

P.18 ちょっと大きな刺しゅうブローチ

できあがり寸法：[丸模様]幅5.8cm 高さ4.9cm 奥行き1.2cm
[家模様]幅6.3cm 高さ4.7cm 奥行き1.2cm

材 料

[丸模様]
ハマナカアクレーヌ：
ピンク(103)・レモン(105)・青(119)・
濃いピンク(122)・きみどり(125)各少々
布：木綿地(クリーム)10cm x 10cm
くるみボタンブローチキット：
オーバル形 5.7cm x 4.8cm 1セット

[家模様]
ハマナカアクレーヌ：
白(101)・赤(104)・濃いきみどり(107)・
茶(120)・青(119)・
きみどり(125)各少々
布：リネン地10cm x 10cm
くるみボタンブローチキット：
ドロップ形 6.2cm x 4.6cm 1セット

用 具

ニードル(極細)
ニードルマット
くるみボタンブローチキット
チャコペーパー
はさみ

作り方　*実物大の図案は73ページ

1 刺しゅうをします。

丸模様

家模様

2 パーツをくるみ、ブローチにします。

丸模様

家模様

● 著者プロフィール

寺西 恵里子 てらにし えりこ

㈱サンリオに勤務し、子ども向けの商品の企画デザインを担当。退社後も"HAPPINESS FOR KIDS"をテーマに手芸、料理、工作を中心に手作りのある生活を幅広くプロデュース。その創作活動の場は、実用書、女性誌、子ども雑誌、テレビと多方面に広がり、手作りを提案する著作物は600冊を超える。

寺西恵里子の本

『子どもの手芸 ワクワク楽しい アイロンビーズ』(小社刊)
『ラブ編みで作る編みもの&ボンボンこもの』(辰巳出版)
『0・1・2歳のあそびと環境』(フレーベル館)
『365日子どもが夢中になるあそび』(祥伝社)
『3歳からのお手伝い』(河出書房新社)
『猫モチーフのかわいいアクセサリーとこもの』(ブティック社)
『基本がいちばんよくわかる 刺しゅうのれんしゅう帳』(主婦の友社)
『かんたん15分 火も包丁も使わない魔法のレシピ 全3巻』(汐文社)
『30分でできる! かわいい うで編み&ゆび編み』(PHP研究所)
『チラシで作るバスケット』(NHK出版)
『身近な材料でハンドメイド かんたん手づくり雑貨』(一般社団法人 家の光協会)
『おしゃれターバンとヘアバンド50』(主婦と生活社)
『ハンドメイドレクで元気! 手づくり雑貨』(朝日新聞出版)

● 協賛メーカー

この本に掲載しました作品はアクレーヌをはじめ、ハマナカ株式会社の製品を使用しています。
糸・副資材のお問い合わせは下記へお願いします。

ハマナカ株式会社
京都本社
〒616-8585　京都市右京区花園藪ノ下町2番地の3　TEL/075(463)5151(代)　FAX/075(463)5159
ハマナカコーポーレートサイト●www.hamanaka.co.jp　e-mailアドレス●info@hamanaka.co.jp
手編みと手芸の情報サイト「あむゆーず」●www.amuuse.jp
＊アクレーヌはハマナカ株式会社の登録商標です。

● スタッフ

作品製作　千枝亜紀子　池田直子　森留美子　野沢実千代　福永くるみ　山内絵理子
撮影　奥谷仁
デザイン　ネクサスデザイン
校閲　校正舎 楷の木
進行　鏑木香緒里

ニードルフェルトの基礎レッスン

平成30年4月15日 初版第1刷発行

著者　寺西 恵里子
発行者　穂谷 竹俊
発行所　株式会社 日東書院本社　〒160-0022　東京都新宿区新宿2丁目15番14号 辰巳ビル
TEL　03-5360-7522（代表）　FAX　03-5360-8951（販売部）
振替　00180-0-705733　URL　http://www.TG-NET.co.jp
印刷　三共グラフィック株式会社　製本　株式会社宮本製本所
本書の無断複写複製（コピー）は、著作権法上での例外を除き、著作者、出版社の権利侵害となります。
乱丁・落丁はお取り替えいたします。小社販売部までご連絡ください。
© Eriko Teranishi 2018, Printed in Japan　ISBN 978-4-528-02199-0　C2077